FIGURINES EN PÂTE

FIMO®

Un grand merci à Annie
pour ses précieux conseils
et à Christine et Marion sans qui
le livre ne se serait pas fait.

Direction éditoriale : Christophe Savouré
Édition : Christine Hooghe
assistée de Marion Deroin
Direction de création : Laurent Quellet
Direction artistique : Armelle Riva
Illustrations des pages d'ouverture : KumKum Noodles
Mise en pages : Christine Moubinous
Photographies : Olivier d'Huissier
Illustrations techniques : Laurent Stefano
Fabrication : Thierry Dubus, Aurélie Lacombe

Photogravure : Point 4
Imprimé en Chine par PP-F en avril 2015

Dépôt légal : octobre 2009
ISBN : 978-2-215-09176-9
2re édition – n° d'édition : J15066

L'éditeur remercie **STAEDTLER**, fabricant
de la pâte FIMO pour leur aimable
collaboration et leurs précieux conseils.

Le représentant STAEDTLER Loisirs et créatifs
en France est :
DTM Loisirs Créatifs
ZAE Le Rond
37290 Preuilly-sur-Claise
tél : 02 47 94 60 60

Avertissement !

La pâte Fimo est un produit de loisirs créatifs réservé aux adultes et aux enfants de plus de 8 ans uniquement. Les enfants doivent toujours utiliser la pâte Fimo sous la surveillance d'un adulte. Avant utilisation, lire les instructions imprimées sur les pains de pâte, s'y conformer et les garder pour référence.

FIGURINES EN PÂTE FIMO®

DENIS CAUQUETOUX

À Christine, Anne et Violette

FLEURUS
editionsfleurus.com

Entrez dans les univers de ces sept familles déjantées !
Vous ne serez pas déçus du voyage… Entre une adaptation hallucinée d'Alice au pays des merveilles, des créatures du Pôle Nord revisitées et tout un petit peuple coloré des sous-bois, les rencontres sympathiques et les coups de cœur s'annoncent nombreux ! Le modelage de la pâte Fimo prend une autre dimension avec ces modèles originaux. De figurine en figurine, créez de véritables pièces de collection. Exposez-les chez vous ou offrez-les à vos amis !

SOMMAIRE

CHÂTEAU HANTÉ

Le clan Mac Ghost, directement venu d'Écosse, va vous faire claquer des dents ! Contrairement aux apparences, ce ne sont pas les gentils fantômes qui vous effrayeront, mais plutôt les expériences terrifiantes que le savant fou et ses robots cachent derrière une lourde porte...

FIGURINE DÉTAILLÉE N° 1
Vue de face

FIGURINE DÉTAILLÉE N° 1
Vue de trois quarts droit

FIGURINE DÉTAILLÉE N° 1
Vue de dos

FIGURINE DÉTAILLÉE N° 1
Vue de trois quarts gauche

Couleurs
- nightglow 04 (Effect)
- vert pomme 50 (Soft)
- vert tropical 53 (Soft)
- rouge indien 24 (Soft)
- mandarine 42 (Soft)
- chocolat 75 (Soft)
- jaune 104 (Transparent)

Hauteur totale : 4,5 cm

MR. MAC GHOST

Tout en rondeur, ce sympathique personnage est parfait pour débuter.

LE CORPS

Formez une boule et un tronc légèrement conique. Les bras sont constitués d'un colombin avec une extrémité plus fine. Ils doivent être assemblés après la pose du kilt.

TechnoZoom

Secrets de fabrication > p. 56

Incrustation > p. 62

LE KILT

Posez des fils de pâte en quadrillage sur une plaque verte et incrustez-les. Découpez ensuite votre « tissu » de façon à recouvrir le corps de Mr. Mac Ghost jusqu'au 2/3 en faisant pression.

FIGURINE DÉTAILLÉE N° 2
Vue de face

FIGURINE DÉTAILLÉE N° 2
Vue de trois quarts droit

FIGURINE DÉTAILLÉE N° 2
Vue de dos

FIGURINE DÉTAILLÉE N° 2
Vue de trois quarts gauche

Couleurs

- ☐ nightglow 04 (Effect)
- jaune 104 (Transparent)
- chocolat 75 (Soft)
- rose :1/3 framboise 22 (Soft), 1/3 blanc 0 (Soft), 1/3 transparent 014 (Transparent)

Hauteur totale : 4,5 cm

MISS FANTÔMETTE

LE VISAGE

Bouche et yeux : à l'aide d'un cure-dent, creusez-les légèrement, puis incorporez un fin colombin de pâte translucide jaune dans le creux de la bouche et un petit morceau de pâte chocolat dans chaque œil.

Moustaches : formez deux gros grains de riz de pâte, affinés à une extrémité et appliquez-les sur le visage. Donnez quelques coups d'épingle pour suggérer les poils.

LE MODELAGE

Pour créer Miss Fantômette, la ravissante fille de Mr. Mac Ghost, partez de la même technique que pour son père. Ajoutez-lui deux boulettes de tailles différentes pour les couettes. Décorez-les, ainsi que le bas de la robe, avec un colombin rose très fin.

LA BOURSE

Formez-la avec un morceau de pâte en forme de demi-lune légèrement aplatie. Pour le rabat, gravez des motifs avec la pointe d'un cure-dent sur une petite plaque travaillée. Pour la lanière, réalisez un colombin très fin et assemblez-le autour de la taille.

UNE PÂTE PRESQUE MAGIQUE

La pâte Fimo utilisée pour ces deux personnages est une pâte Effect, appelée nightglow (04). Elle a la particularité d'être phosphorescente dans la pénombre. À vous d'en imaginer toutes sortes d'usages…

FIGURINE DÉTAILLÉE N° 3
Vue de face

FIGURINE DÉTAILLÉE N° 3
Vue de trois quarts droit

FIGURINE DÉTAILLÉE N° 3
Vue de dos

FIGURINE DÉTAILLÉE N° 3
Vue de trois quarts gauche

Couleurs
- blanc 0 (Classic)
- chair clair 43 (Classic)
- jaune citron 10 (Soft)
- transparent 014 (Transparent)
- mandarine 42 (Soft)
- noir 9 (Classic)
- gris 80 (Soft)
- turquoise 32 (Classic)
- rose : 1/3 framboise 22 (Soft), 2/3 blanc 0 (Soft)

Hauteur totale : 7 cm

SAVANT FOU

Complètement décalé, ce personnage fait son effet et vous permettra d'expérimenter des techniques intéressantes.

TechnoZoom

Secrets de fabrication > p. 56
Tête creusée > p. 60
Yeux Millefiori > p. 62

LA TÊTE

Formez un cône trapu puis creusez la cavité qui va recevoir la cervelle. Avec une plaque fine de pâte rose, doublez l'intérieur.

LE BILBOQUET

Percez la cervelle et la main avec un cure-dent, pour pouvoir nouer un fil (ficelle de cuisine) après cuisson.

LA BOUCHE

Avec un outil, creusez-la de la forme voulue et incorporez de la pâte rose pour suggérer l'intérieur.

UNE CERVELLE BIEN FRAÎCHE !

Pour reproduire l'effet opalescent de la cervelle du savant (et des robots), il faut associer une pâte Classic et une pâte Transparent. Réalisez d'abord un colombin coloré, long et assez fin en pâte Classic. Recouvrez-le d'une plaque fine de pâte transparente de même longueur et d'une largeur égale à sa circonférence. Il ne vous reste plus qu'à former une boule et voilà une belle cervelle prête à l'emploi.

FIGURINE DÉTAILLÉE N° 4
Vue de face

FIGURINE DÉTAILLÉE N° 4
Vue de trois quarts droit

FIGURINE DÉTAILLÉE N° 4
Vue de dos

FIGURINE DÉTAILLÉE N° 4
Vue de trois quarts gauche

Couleurs

- orange 4 (Classic)
- jaune 1 (Classic)
- turquoise 32 (Classic)
- transparent 014 (Transparent)
- violet pourpre 61 (Soft)
- blanc 0 (Soft)
- chocolat 75 (Soft)

Hauteur totale : 4,5 cm

HOMARDO LE ROBOT

LA TÊTE

Modelez une tête creusée, puis réalisez un Millefiori pour les yeux et deux petits cônes aplatis pour les oreilles.

LES BRAS

Formez deux fins colombins de couleurs différentes puis recouvrez-les au 3/4 d'une petite plaque en pâte translucide. Pour finir, pliez légèrement les extrémités pour faire une pince.

LA BLOUSE

Avec des plaques, habillez votre savant fou. Il est important de les faire assez fines et de les utiliser en bord à bord pour un meilleur rendu.

UNE ARMÉE DE ROBOTS SOUS TENSION !

Pour créer le fil électrique des robots, modelez un colombin de pâte Classic, et recouvrez-le d'une fine plaque de pâte translucide. Pour obtenir l'effet ressort, enroulez-le autour d'un crayon à papier rond (qui passera au four).

BIJOU DE PORTABLE 1/2

Simple à modeler, le corps de ce squelette est formé de sept parties montées à l'aide de crochets en U et d'anneaux ouverts, disponibles dans les boutiques de loisirs créatifs.

BIJOU DE PORTABLE 2/2

Plus personne n'osera s'approcher de votre portable avec ce nouveau compagnon adorable, mais quelque peu effrayant au premier abord...

TOMBÉ SUR UN OS ?

Pour obtenir l'effet squelette, modelez des colombins fins et réguliers et incrustez-les dans les différentes parties de votre personnage avant de l'assembler. Amusez-vous à passer aux rayons X toutes sortes de personnages et d'animaux !

PORTE-CLÉS

Ajoutez un crochet en U entre les couettes de Miss Fantômette pour pouvoir la transformer en porte-clés. Avec cette brillante demoiselle, vous trouverez immédiatement vos clés perdues au fond de votre sac !

VIDE-POCHES

Adoptez un compagnon idéal pour déposer toutes les petites choses qui encombrent votre bureau. Ce modèle est réalisé comme la tête du savant fou.

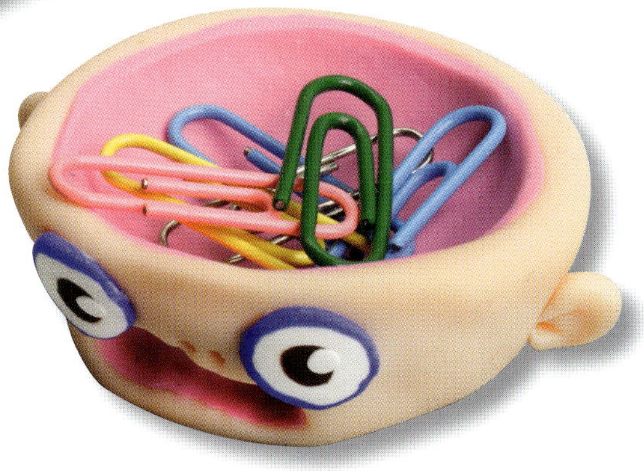

SOUS LE SAPIN

Vous en avez assez de la bûche glacée de mémé ? Il est grand temps de donner un coup d'air frais à Noël et de revoir la décoration ! Les rennes s'occupent des boules, les angelots soignent leur look et les sapins chaussent leurs bottes pour faire tourner le Père Noël en bourrique. Vive les fêtes !

1#

FIGURINE DÉTAILLÉE N° 5
Vue de face

2#

FIGURINE DÉTAILLÉE N° 5
Vue de trois quarts droit

3#

FIGURINE DÉTAILLÉE N° 5
Vue de dos

4#

FIGURINE DÉTAILLÉE N° 5
Vue sans les angelots

Couleurs
- vert : 1/2 vert 5 (Classic) et 1/2 bleu 37 (Classic)
- orange 4 (Classic)
- blanc 0 (Soft)
- chocolat 75 (Soft)

Hauteur totale : 10,5 cm

GRAND SAPIN

Originale, cette création simple révèle tout son potentiel accompagnée des petits angelots.

TechnoZoom

Secrets de fabrication > p. 56
Jambes > p. 60

LE FEUILLAGE

Avec le mélange vert, réalisez un cône. Posez-le dans le creux de la main et faites plusieurs trous avec un tourillon, en appuyant et en tournant lentement. Reformez le cône avec la plaque de verre au besoin. Ensuite, faites des petits traits avec une épingle pour suggérer les épines. Pendant la cuisson, remettez des petits morceaux de tourillon pour éviter les déformations.

LES BOTTES

Pour les décorer, incrustez un minicolombin blanc en haut et glissez une semelle découpée dans une plaque de blanc dessous. Le haut des bottes doit être bien plat. Faites-les cuire sur un socle découpé à l'emporte-pièce. Après la cuisson, collez le feuillage du sapin dessus.

FIGURINE DÉTAILLÉE N° 6
Vue de face

FIGURINE DÉTAILLÉE N° 6
Vue de trois quarts droit

FIGURINE DÉTAILLÉE N° 6
Vue de dos

FIGURINE DÉTAILLÉE N° 6
Vue de trois quarts gauche

Couleurs

- carmin 29 (Classic)
- chair clair 43 (Classic)
- chocolat 75 (Soft)
- blanc 0 (Soft)

Hauteur totale : 5,5 cm

PÈRE NOËL

LES TÊTES

Exercez votre créativité en donnant une coupe de cheveux différente à chaque ange ! Avec un cutter de précision, taillez des coupes au carré, des franges bien droites ou effilées. Avec une tête d'épingle ou un cure-dent, amusez-vous à donner des expressions différentes à chacun.

LES AILES

Découpez un cœur allongé dans une plaque or. Appliquez-le ensuite sur le dos de l'angelot. Avec un ébauchoir, striez le milieu des ailes pour les faire adhérer.

LE VISAGE

À l'aide d'un tourillon, faites un trou vertical pour le visage en tenant le cône au creux de la main. Découpez une rondelle de pâte chair de la bonne taille, faites-la adhérer et réalisez les détails du visage.

LA BARBE

Dans une plaque, découpez les différents éléments, puis superposez-les sur le visage.

LES BRAS ET LES JAMBES

Superposez des tronçons de pâte, surmontés d'une boulette de pâte chair pour les bras, et de marron pour les chaussures.

PETITS NOËL

Faites une ribambelle de Pères Noël miniatures pour accompagner le patriarche. Vous pouvez leur ajouter un anneau ou une clochette pour rester dans l'esprit de Noël !

FIGURINE DÉTAILLÉE N° 7
Vue de face

FIGURINE DÉTAILLÉE N° 7
Vue de profil

FIGURINE DÉTAILLÉE N° 7
Vue de dos

FIGURINE DÉTAILLÉE N° 7
Vue de trois quarts droit

Couleurs
- ocre 17 (Classic)
- terre cuite 74 (Classic)
- blanc 0 (Classic)
- chocolat 77 (Classic)
- chocolat 75 (Soft)
- framboise 22 (Soft)
- caramel 7 (Soft)
- rose : 1/2 framboise 22 (Soft), 1/2 blanc 0 (Soft)
- bleu : 1/2 turquoise 32 (Classic), 1/2 blanc 0 (Classic)

Hauteur totale : 7 cm

GRAND RENNE

Ce personnage amusant vous fera pratiquer plusieurs techniques, pour un résultat étonnant !

LES BOIS

Ils nécessitent une armature mise en place avant la cuisson de la tête. Prenez deux morceaux de fil de fer (un plus long que l'autre), torsadez-les sur 1 ou 2 cm, puis écartez-les pour obtenir un « Y ». Plantez-les ensuite dans la tête du renne, la branche la plus longue vers l'avant. Une fois la figurine refroidie, modelez les bois directement sur l'armature.

TechnoZoom

Secrets de fabrication > p. 56
Armature > p. 61
Perles Millefiori > p. 62

LE COLLIER

Entourez une languette de pâte marron, environ 1 cm plus longue que la circonférence du cou, en pinçant ses extrémités sur le devant pour obtenir un morceau aplati à la verticale. Arrondissez-le, puis percez-le pour pouvoir insérer un anneau agrémenté d'une clochette après cuisson.

LES GUIRLANDES

Incrustez des tronçons de Millefiori sur des boulettes. Glissez des cure-dents et cuisez. Montez ces perles sur des morceaux de fil de fer que vous accrocherez sur les bois.

PETIT RENNE

Un jour, petit renne deviendra grand !

MARQUE-PLACE

Ces sapins à grandes bottes et chaussettes colorées guideront les convives lors des nombreux repas des fêtes de fin d'année. N'oubliez pas de découper une fente à l'arrière avant la cuisson pour y glisser un petit carton indiquant le nom de l'invité.

BAGUES OURSON

À partir de quelques détails simples, donnez de la personnalité à votre petit ours ou à son amie. Fournissez-leur une fourrure bien chaude en dessinant des traits avec une épingle.

TOUJOURS LÀ POUR VOUS SAUVER !

Cachés derrière leur costume, ces super héros vont vous surprendre… Que ce soit pour défendre les légumes bio, protéger les doudous des enfants ou faire régner la terreur juste pour le plaisir d'être méchant, chacun sert sa cause avec enthousiasme !

OL TO
SCHOOL

1#

FIGURINE DÉTAILLÉE N° 8
Vue de face

2#

FIGURINE DÉTAILLÉE N° 8
Vue de trois quarts droit

3#

FIGURINE DÉTAILLÉE N° 8
Vue de dos

4#

FIGURINE DÉTAILLÉE N° 8
Vue de trois quarts gauche

Couleurs
- carmin 29 (Classic)
- blanc 0 (Classic)
- chair clair 43 (Classic)
- vert pomme 50 (Soft)
- mandarine 42 (Soft)
- outremer 33 (Classic)

Hauteur totale : 7,5 cm

SUPER RADIS

Découvrez une nouvelle technique qui vous permettra de réaliser très simplement des têtes bicolores.

TechnoZoom

Secrets de fabrication > p. 56
Jambes > p. 60
Yeux Millefiori > p. 62

LA TÊTE

Modelez deux boules de couleurs différentes. Collez-les l'une à l'autre en faisant pression, puis façonnez une tête conique. Incrustez un triangle chair. Aplatissez trois colombins verts, coupez une extrémité et faites-les adhérer au sommet de la tête.

LE LOGO

Découpez une rondelle de plaque orange. Incrustez un colombin vert en forme de « V ». Incrustez le logo sur le corps avant d'assembler les bras.

LES BRAS

Pour le colombin bicolore, procédez comme pour la tête.

LITTLE EVIL

Pour le visage, découpez une forme de cœur dans une plaque bleue. Incrustez la forme sur la tête. Préparez les yeux en superposant des pastilles de pâte. Étirez-les au rouleau avant de les incruster sur la tête.

1#

FIGURINE DÉTAILLÉE N° 9
Vue de face

2#

FIGURINE DÉTAILLÉE N° 9
Vue de trois quarts droit

3#

FIGURINE DÉTAILLÉE N° 9
Vue de dos

4#

FIGURINE DÉTAILLÉE N° 9
Vue de trois quarts gauche

Couleurs

- magenta 21 (Classic)
- chair clair 43 (Classic)
- vert pomme 50 (Soft)
- chocolat 75 (Soft)
- violet 61 (Soft)
- rose : 1/3 framboise 22 (Soft), 1/3 blanc 0 (Soft), 1/3 transparent 014 (Transparent)

Hauteur totale : 6,5 cm

MISS CASTAGNE

LES COUETTES

Façonnez des colombins évasés. À l'extrémité la plus large, faites une entaille en croix. Écartez délicatement la découpe. Faites adhérer les couettes sur la tête et décorez la base avec deux petits colombins verts.

LES BRAS

Ajoutez un colombin vert assez fin au niveau de chaque coude.

LA ROBE

Formez un cône. À l'extrémité la plus large, gravez une étoile. Les motifs sont des tronçons de Millefiori surmontés d'un fin colombin de pâte.

LES CHAUSSURES

Une fois la figurine cuite, ajoutez des petits morceaux de pâte rose en forme de croissant de lune pour la chaussure et un petit rectangle pour la bride. Repassez au four quelques minutes.

SUPER DOUDOU

Il ne craint rien du tout ! Même pas de sauver les doudous des enfants qui ont des poux.

BROCHES MINI-SUPER

Modelez-les comme les figurines, mais avec un dos plat pour pouvoir coller une attache de broche après la cuisson.

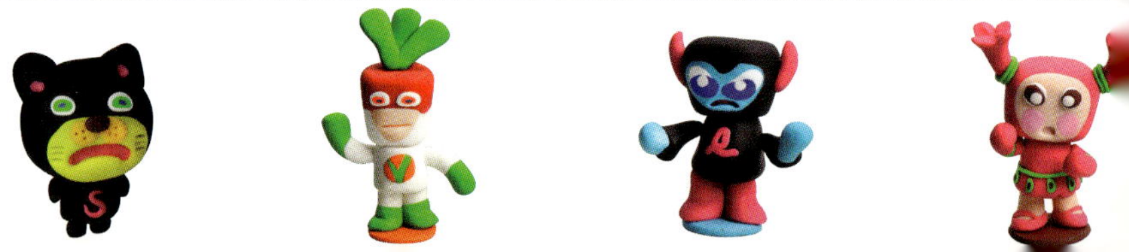

BAGUES ÉTOILE ET ÉCLAIR

Modelez une demi-boule en pâte nacrée ou pailletée et découpez des motifs dans une plaque agrémentée de paillettes. Pour la bague éclair, ajoutez un fin colombin bleu sur le pourtour. Après cuisson, collez-les sur un support de bague.

PORTE-CLÉS PAILLETÉ

Sur une base constituée de deux plaques (dont une évidée), faites adhérer un colombin en forme de « S » avec les extrémités affinées. Faites un trou. Après cuisson attachez l'anneau du porte-clés et exhibez votre création !

SUR LA BANQUISE

Au pôle Nord, on ne s'ennuie pas ! Malgré le froid, chacun trouve une occupation amusante : les pingouins se dandinent, l'ours en profite pour voir du pays et le yéti, comme d'habitude, terrorise les touristes ! Quant au bonhomme de neige, impassible, il regarde les gros flocons tomber, en espérant qu'il pourra bientôt s'en fabriquer une copine…

1#

FIGURINE DÉTAILLÉE N° 10
Vue de face

2#

FIGURINE DÉTAILLÉE N° 10
Vue de trois quarts droit

3#

FIGURINE DÉTAILLÉE N° 10
Vue de dos

4#

FIGURINE DÉTAILLÉE N° 10
Vue de trois quarts gauche

Couleurs

- blanc 0 (Classic)
- bleu : 1/2 menthe 39 (Soft), 1/2 blanc 0 (Soft)
- outremer 33 (Classic)
- menthe 39 (Soft)
- orange 4 (Classic)

Hauteur totale : 7,5 cm

YÉTI

Exercez-vous à l'incrustation avec ce personnage faussement méchant. Graou !

TechnoZoom

Secrets de fabrication > p. 56
Yeux Millefiori > p. 62
Incrustation > p. 62

LA TÊTE

Procédez à l'incrustation des fils de pâte avant de la façonner.
Visage : découpez-le dans une plaque bleue en lui donnant la même forme que la tête avec une base un peu aplatie, puis incrustez-le.
Bouche : creusez-la avec la pointe d'un couteau et incorporez un fin boudin de pâte.
Dents : ajoutez trois carrés de pâte blanche dans la bouche.

FIGURINE DÉTAILLÉE N° 11
Vue de face

FIGURINE DÉTAILLÉE N° 11
Vue de trois quarts droit

FIGURINE DÉTAILLÉE N° 11
Vue de dos

FIGURINE DÉTAILLÉE N° 11
Vue de trois quarts gauche

Couleurs
- blanc 0 (Classic)
- noir 9 (Classic)
- chocolat 77 (Classic)
- turquoise 32 (Classic)
- orange 4 (Classic)
- outremer 33 (Classic)

Hauteur totale : 6 cm

BONHOMME DE NEIGE

LA FOURRURE

À réaliser avant le montage, l'effet de matière est produit par incrustation de fils de pâte coupés de manière irrégulière, disposés sur le corps, les bras et la tête.

LES MAINS

Reprenez la méthode de la tête bicolore de Super Radis (voir p. 22), puis modelez les mains en repliant la pâte bleue autour du manche d'un outil. Marquez la séparation des doigts avec une épingle.

LE CHAPEAU

Modelez un colombin légèrement resserré à la base et collez-le sur une boulette écrasée. Dans une fine plaque de pâte marron, découpez une bande d'une longueur égale à la circonférence de la base du colombin et appliquez-la autour.

LE VISAGE

Creusez la bouche avec une tête d'épingle, puis remplissez-la avec un fin colombin de pâte bleue. Le nez est un petit morceau de pâte orange façonné en pointe.

FIGURINE DÉTAILLÉE N° 12
Vue de face

FIGURINE DÉTAILLÉE N° 12
Vue de trois quarts gauche

FIGURINE DÉTAILLÉE N° 12
Vue de dos

FIGURINE DÉTAILLÉE N° 12
Vue dans la boule

Couleurs
- orange 4 (Classic)
- blanc 0 (Classic)
- jaune or 15 (Classic)
- noir 9 (Classic)
- rouge 2 (Classic)
- chocolat 77 (Classic)
- chocolat 75 (Soft)
- bleu 374 (Transparent)
- menthe 39 (Soft)
- rose : 1/3 framboise 22 (Soft), 1/3 blanc 0 (Soft), 1/3 transparent 014 (Transparent)
- bleu : 1/2 bleu 374 (Transparent), 1/2 transparent 014 (Transparent)

Hauteur totale : 6 cm

OURS

Amusez-vous à reproduire les accessoires pleins de détails de ce voyageur venu du Nord.

TechnoZoom

Secrets de fabrication > p. 56
Jambes simples > p. 60
Yeux superposition > p. 62

LE PERSONNAGE

Modelez les formes de base. Ajoutez les détails par superposition. La bouche est creusée pour laisser apparaître la couleur dessous.

L'APPAREIL PHOTO

Façonnez un bloc grossièrement aplati sur toutes ses faces, puis faites adhérer un tronçon de colombin pour l'objectif. Ajoutez les détails. Le cordon est un colombin aplati placé autour du cou.

LE PULL

L'effet duveteux est réalisé en piquant toute la surface du corps et des bras avec une épingle. Faites les motifs à partir de fins colombins et de minitriangles découpés dans une plaque rouge.

LA VALISE

Pour réaliser l'écusson flocon de neige, reportez-vous aux Goodies (p. 33).

1#

FIGURINE DÉTAILLÉE N° 13
Vue de face

2#

FIGURINE DÉTAILLÉE N° 13
Vue de trois quarts droit

3#

FIGURINE DÉTAILLÉE N° 13
Vue de dos

4#

FIGURINE DÉTAILLÉE N° 13
Vue dans la boule

Couleurs

- noir 9 (Classic)
- orange 4 (Classic)
- framboise 22 (Soft)
- blanc 0 (Soft)
- chocolat 77 (Classic)
- rouge 2 (Classic)
- jaune or 16 (Classic)
- blanc 0 (Classic)
- bleu : 1/2 bleu 374 (Transparent), 1/2 transparent 014 (Transparent)

Hauteur totale : 3 cm

PINGOUIN

LE CACHE-OREILLES

Réalisez des vermicelles avec une seringue à pâte. Sans trop les écraser, formez une boulette et coupez-la en deux. Placez un morceau de chaque côté de la tête et ajoutez une fine languette de pâte pour les relier.

L'ANORAK

Modelez des formes basiques puis marquez les surpiqûres du vêtement avec un ébauchoir ou un cure-dent.

LE DÉCOR

Dans du bleu obtenu par mélange, découpez une plaque d'environ 3 mm d'épaisseur au format du socle de la boule à neige. Passez au four la plaque seule quelques minutes, et avec la pointe d'une épingle, gravez des traces de patin sur la glace.
Pour la banquise, superposez un morceau de plaque blanche en suivant l'arrondi du globe. Pour l'igloo, modelez une demi-boule puis tracez les séparations des blocs de glace. L'entrée est découpée dans un demi-tronçon de colombin et complétée d'un petit morceau de bleu.

BOULE À NEIGE

Modelez une figurine. Elle doit mesurer environ 1,5 cm de moins que la hauteur de la cloche transparente. Découpez une plaque de 3 mm d'épaisseur, au diamètre intérieur de la cloche en prenant son empreinte. Faites un trou à l'emplacement de la valve du socle. Soudez la figurine et ses accessoires sur la plaque de pâte et faites-les cuire (sans le socle en plastique !). Reportez-vous aux explications du fabricant pour le montage et le remplissage. Ne vernissez pas votre figurine : cela est inutile et troublerait l'eau.

BONHOMME DE NEIGE, OURS ET YÉTI MINIATURES

La méthode est la même que pour les grands, mais ils ont moins de détails et sont modelés à plat. On peut ainsi coller un aimant ou une attache de broche après cuisson.

DES AIMANTS GLACÉS

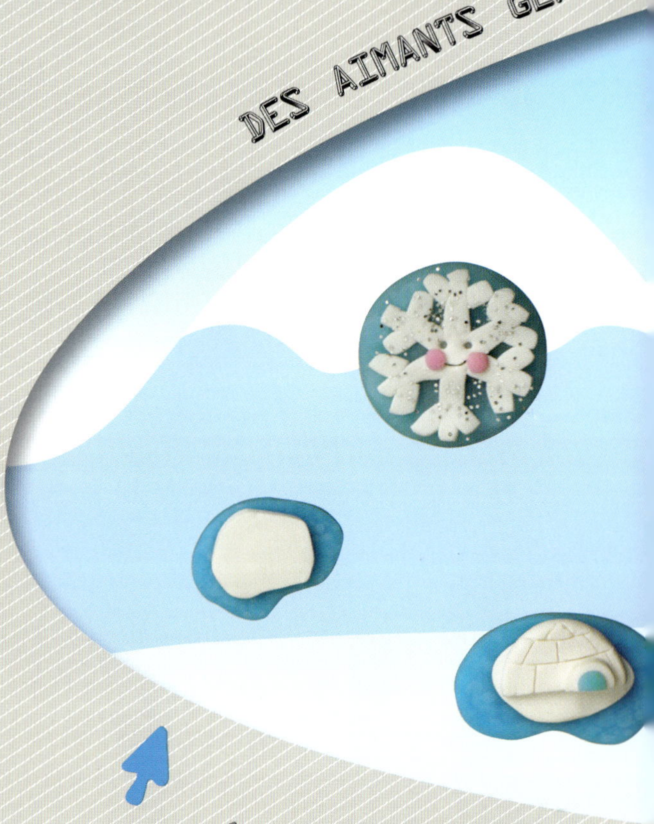

LES DÉCORS DE BANQUISE

Pour planter le décor, superposez des découpes de plaques blanches assez épaisses sur des découpes de plaques bleues.
Pour l'igloo, façonnez une demi-rondelle, gravez des blocs de glace et ajoutez une demi-rondelle plus petite pour l'entrée.

OUR VOTRE FRIGO !

PETITS PINGOUINS

À partir d'olives de pâte noire, réalisez ces adorables petits pingouins. Un ovale de pâte blanche aplatie pour faire le ventre, deux languettes sur les côtés, quelques détails… Et voilà un groupe de pingouins qui se dandinent dans votre cuisine !

FLOCONS DE NEIGE

Disposez des petits colombins en étoile sur des rondelles bleues. Passez légèrement le rouleau, puis ajoutez les détails (visage, joues). Pour la brillance, saupoudrez de paillettes argentées.

FORÊT MAGIQUE

Faites attention en entrant dans la forêt enchantée ! Regardez bien autour de vous, dans les arbres, sous les buissons et entre les fleurs… Vous apercevrez quelques créatures mystérieuses. Au détour d'un chemin, si vous croisez un gobelin, n'hésitez pas à lui dire bonjour, il vous présentera peut-être Merlin en personne !

FIGURINE DÉTAILLÉE N° 14
Vue de face

FIGURINE DÉTAILLÉE N° 14
Vue de trois quarts droit

FIGURINE DÉTAILLÉE N° 14
Vue de dos

FIGURINE DÉTAILLÉE N° 14
Vue de trois quarts gauche

Couleurs
- marron : 2/3 chocolat 77 (Classic), 1/3 terre cuite 74 (Classic)
- chocolat 75 (Soft)
- vert émeraude 56 (Soft)
- blanc 0 (Classic)
- vert tropical 53 (Soft)

Hauteur totale : 9 cm

HOMME ARBRE

Assez simple dans les détails, le secret de ce personnage réside dans ses armatures.

TechnoZoom

Secrets de fabrication > p. 56

Armature > p. 61

LE CORPS

Placez verticalement sur le plan de travail un gros colombin légèrement affiné à la base. Plantez verticalement une tige en bois au centre du tronc et, horizontalement, un fil de fer (20 cm environ) à travers le corps. Avec un cure-dent, texturez sur toute la surface. réalisez les racines. Passez l'objet au four une première fois pendant une quinzaine de minutes.

LES RACINES

Modelez quatre colombins avec une extrémité affinée et faites-les adhérer à la base du gros colombin. Pour plus de stabilité, greffez des racines plus petites sur les grandes.

LES BRAS

Enfilez deux longs colombins sur les fils de fer et donnez-leur la forme souhaitée. Gravez des traits avec un cure-dent pour la texture. En les calant avec des bouchons, faites une seconde cuisson de quelques minutes.

FIGURINE DÉTAILLÉE N° 15
Vue de face

FIGURINE DÉTAILLÉE N° 15
Vue de trois quarts droit

FIGURINE DÉTAILLÉE N° 15
Vue de dos

FIGURINE DÉTAILLÉE N° 15
Vue de trois quarts gauche

Couleurs
- bleu : 1/2 turquoise 32 (Classic), 1/2 blanc 0 (Soft)
- blanc 0 (Soft)
- chair clair 43 (Classic)
- or 11 (Metallic)
- bleu 302 (Glitter)
- chocolat 77 (Classic)

Hauteur totale : 11 cm

MERLIN

LE VISAGE

La bouche est une minirondelle placée avec la pointe d'une épingle et les yeux sont constitués de rondelles de pâte superposées.

LES FEUILLES

Modelez des petites amandes de pâte. Disposez-les sur la tête et sous la bouche. Avec un outil de modelage, gravez un trait au milieu pour les faire adhérer au corps et figurer la nervure centrale.

LE CHAPEAU

Modelez un colombin avec une extrémité évasée, puis déposez-le sur une rondelle fine. Donnez une légère courbure au haut du chapeau. Découpez une languette, placez-la autour de la base du chapeau et décorez-la d'une boucle en pâte or.

LA BARBE

Découpez la forme dans une plaque blanche, gravez une bouche et texturez avec la pointe d'un cure-dent. Positionnez-la sous les yeux puis façonnez le nez.

LES MOTIFS

Dans une fine plaque or, avec des emporte-pièce ou un cutter de précision, découpez des étoiles, des pleines lunes et des croissants de lune. Appliquez-les par pression.

UNE TENUE PRINTANIÈRE !

Les feuilles de la tenue de cet elfe sont réalisées dans une plaque étalée sur du papier sulfurisé : découpez-les avec un cutter de précision, puis enlevez le surplus. Placez-les ensuite sur le corps et dessinez les nervures avec une épingle.

FIGURINE DÉTAILLÉE N° 16
Vue de trois quarts gauche

FIGURINE DÉTAILLÉE N° 16
Vue de profil

FIGURINE DÉTAILLÉE N° 16
Vue de dos

FIGURINE DÉTAILLÉE N° 16
Vue de trois quarts droit

Couleurs
- vert 5 (Classic)
- orange 4 (Classic)
- bleu 302 (Glitter)
- framboise 22 (Soft)
- blanc 0 (Soft)

Hauteur totale : 8 cm
Longueur totale : 11,5 cm

DRAGON

Cette créature est idéale pour expérimenter le modelage d'une nouvelle forme de corps !

TechnoZoom

Secrets de fabrication > p. 56
Armature > p. 61
Incrustation > p. 62

LE CORPS

Réalisez un long colombin effilé à une extrémité. Sur toute la longueur, incrustez des pastilles de pâte. Enfilez un fil de fer d'environ 20 cm dedans et donnez-lui sa forme serpentine. Laissez dépasser un morceau du fil de fer à l'extrémité la plus large pour y fixer la tête.

LA TÊTE

Réalisez une boule de la taille d'une petite prune incrustée de pastilles orange. Avec un cutter, fendez-la sur les 3/4 de sa longueur et écartez délicatement les deux parties pour ouvrir la gueule. Réalisez un ovale allongé en pâte framboise et glissez-le dedans. Ensuite, piquez la tête sur le fil de fer au sommet du corps.

UN BON COUP DE FRAIS...

Lorsque vous avez besoin que la pâte soit plus ferme (pour couper la gueule du dragon par exemple, ou pour des détails délicats), placez votre morceau de pâte au frigo pendant une quinzaine de minutes. Elle sera plus facile à manipuler.

FIGURINE DÉTAILLÉE N° 17
Vue de face

FIGURINE DÉTAILLÉE N° 17
Vue de côté droit

FIGURINE DÉTAILLÉE N° 17
Vue de dos

FIGURINE DÉTAILLÉE N° 17
Vue de côté gauche

Couleurs

- vert pomme 50 (Soft)
- vert tropical 53 (Classic)
- framboise 22 (Soft)
- chocolat 77 (Classic)
- orange 4 (Classic)
- blanc 0 (Soft)

Hauteur totale : 7 cm

GOBELIN

LES AILES ET LA LANGUE

Découpez-les dans une plaque épaisse. Piquez un morceau de cure-dent à la base des ailes et dans la langue. Donnez une ondulation à la langue. Passez-les au four séparément pendant quelques minutes. Avant la cuisson du corps, piquez les ailes dans le corps et la langue dans la gueule.

LE CHAPEAU ET LA BARBE

Tous deux sont des cônes légèrement tordus avec les doigts, texturés avec la pointe d'un cure-dent.

LA VESTE

Accentuez l'effet évasé en étirant la base du corps avec le doigt. Le col est formé d'un rectangle de pâte qui entoure la base du cou.

LE SOCLE

Dans une plaque épaisse, découpez une rondelle à l'emporte-pièce. Sur la tranche, faites des traits avec la pointe d'une épingle pour imiter le bois.

L'HOMME SAPIN

L'art du camouflage n'a plus de secrets pour lui !

1# 
FIGURINE DÉTAILLÉE N° 18
Vue de face

2# 
FIGURINE DÉTAILLÉE N° 18
Vue de profil droit

3# 
FIGURINE DÉTAILLÉE N° 18
Vue de dos

4# 
FIGURINE DÉTAILLÉE N° 18
Vue de profil gauche

Couleurs
- carmin 29 (Classic)
- framboise 22 (Soft)
- chair clair 43 (Classic)
- outremer 33 (Classic)
- menthe 39 (Soft)
- vert tropical 53 (Soft)
- blanc 0 (Soft)

Hauteur totale : 8,5 cm

GRAND CHAMPIGNON

LE CHAPEAU

Formez une boule de pâte, aplatissez-la sur le plan de travail, retournez-la dans votre main, puis creusez le côté aplati avec une bille. Pour la décoration, réalisez des incrustations et saupoudrez des paillettes.

LES LAMELLES

Découpez trois bandes de largeurs différentes, longues comme le tour du pied. Découpez des pointes avec un cutter de précision. En commençant par la plus large, superposez les lamelles au sommet du pied.

LE PIED

Modelez un colombin, plus large à sa base, dans de la pâte marbrée. Placez les yeux.

LE PEUPLE DES SOUS-BOIS

Variez les couleurs, les formes et les décorations, pour obtenir des champignons tous différents et plus rigolos les uns que les autres.

AIMANTS

Ces ravissants oiseaux égayeront votre frigo ou votre bureau… Modelez une boule de pâte, et pincez-la tout en l'aplatissant sur la surface de travail. Faites adhérer les ailes, la crête et la queue en utilisant un outil de modelage et enfoncez un petit aimant rond dans la base.

GRIGRI

Le décor de feuilles de la perle est réalisé comme le vêtement de l'elfe page 37. Effet pailleté, métallisé… Laissez-vous guider par votre inspiration.

BROCHES

Découpez une grande rondelle de pâte, puis faites des marques comme pour couper un gâteau. Arrondissez les bords des pétales. Avec une demi-boule de pâte, créez un visage.

PENDENTIF

PORTE-BONHEUR

Il suffit de piquer un petit morceau de fil de fer plié en U avant cuisson pour pouvoir suspendre vos modelages.

KAWAÏ !

Les choses ont bien changé depuis la première fois qu'Alice a traversé le miroir ! Le Lapin blanc est maintenant son meilleur ami et la Reine est devenue folle après une indigestion de pièce montée… Au pays des délices, découvrez l'ambiance qui règne quand les friandises s'animent !

FIGURINE DÉTAILLÉE N° 19
Vue de face

FIGURINE DÉTAILLÉE N° 19
Vue de trois quarts droit

FIGURINE DÉTAILLÉE N° 19
Vue de dos

FIGURINE DÉTAILLÉE N° 19
Vue de profil gauche

Couleurs

- chair clair 43 (Classic)
- bleu : 1/2 turquoise 32 (Classic), 1/2 blanc 0 (Classic)
- rose : 1/4 violet pourpre 61 (Soft), 3/4 blanc 0 (Classic)
- jaune 1 (Soft)
- outremer 33 (Classic)
- vert pomme 50 (Soft)

Hauteur totale : 7 cm

ALICE

À partir de ce personnage, vous pouvez réaliser n'importe quelle figurine humaine.

TechnoZoom

Secrets de fabrication > p. 56
Incrustation > p. 62
Cheveux > p. 63
Yeux Millefiori > p. 62

LES RUBANS

Modelez un colombin, pliez-le en forme de nœud et aplatissez-le. Pour le serre-tête, posez-le sur une bande.

LE TABLIER

Incrustez-le sur le corps avant de monter la figurine. Les détails de dentelle sont réalisés avec une tête d'épingle.

LES MANCHES

Incrustez un filet de pâte blanche sur une demi-lune bleue.

LES JAMBES

Prenez un petit morceau de pâte chair et un plus grand de pâte blanche. Faites-les adhérer fermement, modelez un colombin et formez une jambe. Appliquez une bande de pâte en forme de demi-lune allongée pour la chaussure.

1#

FIGURINE DÉTAILLÉE N° 4
Vue de face

2#

FIGURINE DÉTAILLÉE N° 4
Vue de trois quarts droit

3#

FIGURINE DÉTAILLÉE N° 4
Vue de dos

4#

FIGURINE DÉTAILLÉE N° 4
Vue de trois quarts gauche

Couleurs
- outremer 33 (Classic)
- chocolat 75 (Soft)
- chair clair 43 (Classic)
- framboise 22 (Soft)
- rouge indien 24 (Soft)
- rose coeur : 1/3 framboise 22 (Soft), 1/3 transparent 014 (Transparent), 1/3 blanc 0 (Soft)
- vert pomme 50 (Soft)
- rouge 202 (Glitter)
- blanc 0 (Soft)
- rose gâteau : 1/2 framboise 22 (Soft), 1/2 blanc 0 (Soft)

Hauteur totale : 9,5 cm

REINE

LES MOTIFS CŒUR

Réalisez trois plaques fines (framboise, rouge indien et rose) sur du papier sulfurisé. Découpez des cœurs de plusieurs tailles puis enlevez le surplus. Incrustez-les sur le corps et les bras avant de procéder au montage.

LE GÂTEAU

Façonnez deux boulettes écrasées et lissez les côtés. Les décorations sont constituées de boulettes rondes ou en amande et de fins colombins. Torsadez deux très fins colombins pour la chantilly. La touche finale ? Une cerise pailletée !

LAPIN BLANC

Facile à modeler et tellement craquant ! Prévoyez une petite armature pour fixer les oreilles.

GROSSE FRAISE

Mélangez une boule de pâte rouge de la taille d'une petite noix avec des paillettes roses. Modelez la fraise puis faites une empreinte avec un tourillon à l'emplacement du visage. Comblez avec une rondelle de pâte chair. Avec un cure-dent, creusez la bouche jusqu'à ce que la pâte rouge apparaisse.

Pour le calice, modelez une boulette de pâte, pincez-en l'extrémité entre le pouce et l'index en appuyant sur la surface de travail. Formez les sépales au cutter. Appliquez-le sur la fraise.

POMMES D'API

Donnez une forme de pomme à une boule de pâte rouge pailletée en faisant pression au sommet. Incrustez le visage comme pour la fraise et ajoutez une petite queue au sommet. Enfoncez une brochette, un tour au four, et régalez-vous !

LES RAYURES DES POTS DE GLACE

Modelez un gros colombin et réalisez une plaque d'une autre couleur d'environ 1 mm d'épaisseur. Découpez des bandes dans la plaque et disposez-les sur le colombin dans le sens de la longueur, à intervalles réguliers. Incrustez les rayures.

FARANDOLE DE GLACES

1 GLACES ITALIENNES

Remplissez une seringue de pâte blanche, ou grossièrement mélangée avec de la pâte rose. En utilisant une grille en forme de trèfle, faites pression sur le piston et enroulez la pâte sur elle-même comme de la chantilly.

2 VERMICELLES COLORÉS

Réalisez des fils de pâte. Passez-les quelques instants au four pour les durcir, découpez-les et saupoudrez-en votre glace.

3 GLACES BICOLORES

Formez plusieurs boudins de pâte, étirez-les entre le pouce et l'index et torsadez-les si vous le souhaitez. Pour obtenir un résultat similaire à celui de la glace rose et blanche, lissez la torsade avec vos doigts.

FLAMANT ROSE PORTE-CUILLÈRE

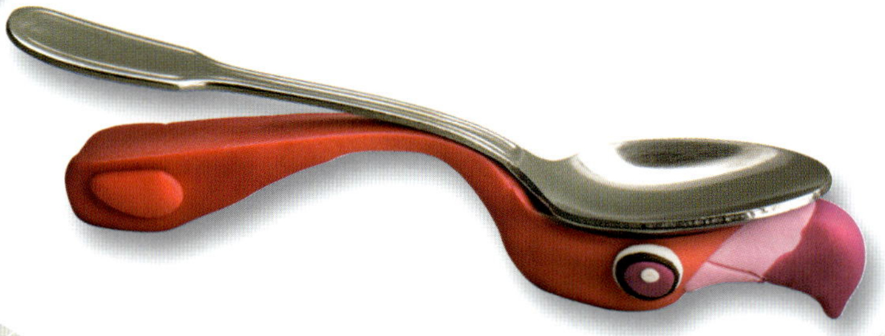

Modelez une demi-boule de pâte pour la tête ainsi qu'un colombin étroit au début (pour le cou) et plus large et plus aplati à l'autre extrémité (pour le corps). Placez-les sur une cuillère bien courbe ou volontairement déformée. Reliez le corps et la tête en lissant le raccord et en épousant bien la forme de la cuillère.

Pour le bec, faites adhérer deux morceaux de pâte (rose et framboise) de la taille d'une petite noisette. Modelez la forme du bec et faites le bien adhérer à la tête du flamant rose. Gravez de chaque côté l'ouverture du bec.

BOULE COCO

Modelez une demi-boule. Pour reproduire la texture, procédez de la même façon que pour les vermicelles colorés des pots de glace, page précédente.

Pour la feuille, découpez directement la forme dans une plaque posée sur du papier sulfurisé, tracez les nervures avec un outil et ôtez le surplus de pâte. Soulevez les extrémités avec des crayons de papier. Laissez-les en place pendant la cuisson.

RELIGIEUSE DÉLICIEUSE

Superposez deux boules de pâte, surmontées d'un « nappage » en chocolat. Pour plus de gourmandise, ajoutez de la chantilly (voir le gâteau de la Reine p. 45).

BIJOU DE PORTABLE

Donnez une touche complètement kawaï à votre portable, en agrémentant une petite fraise pailletée d'un grelot et d'une feuille brillante. N'oubliez pas de piquer un fil de fer en forme de U avant cuisson.

COLLIER POMME D'API

Complètement régressif, ce collier à croquer vous fera craquer !

TOUS SUR LE DANCEFLOOR !

Sortez les pattes d'ef', dépoussiérez les boules à facettes et dérouillez votre déhanché, la fièvre qui enflamme tous les membres du collectif Psychénight est extrêmement contagieuse !

FIGURINE DÉTAILLÉE N° 21
Vue de face

FIGURINE DÉTAILLÉE N° 21
Vue de trois quarts droit

FIGURINE DÉTAILLÉE N° 21
Vue de dos

FIGURINE DÉTAILLÉE N° 21
Vue de trois quarts gauche

Couleurs
- jaune 1 (Classic)
- mandarine 42 (Soft)
- chair clair 43 (Classic)
- ocre 17 (Classic)
- chocolat 77 (Classic)
- blanc 0 (Classic)
- vert 5 (Classic)
- vert pomme 50 (Soft)

Hauteur totale : 7,5 cm

MR. BE COOL

Le montage de ce personnage est un peu plus complexe, suivez bien les instructions !

TechnoZoom

Secrets de fabrication > p. 56
Mains > p. 60
Incrustation > p. 62
Armature > p. 61
Cheveux > p. 63

LA CHEMISE

Sur du papier sulfurisé, étalez une plaque fine. Avec un cutter de précision, découpez des fleurs sur toute la surface. Ôtez le surplus, puis faites rouler le tronc et les bras dans les motifs pour les incruster. Assemblez la tête et le corps, transpercez le corps d'un fil de fer (armature des bras). Passez au four une quinzaine de minutes.

LES CHEVEUX

Après la première cuisson, mais avant d'enfiler les bras sur l'armature, réalisez la chevelure. Transpercez-la avec l'extrémité du fil et lissez si besoin.

UN BRUSHING PARFAIT !

La chevelure de Mr. Saturday Night est modelée sur la tête après une première cuisson. Disposez une boule de pâte sur la tête, vers l'arrière, et deux boulettes sur les côtés. Lissez-les. Créez la matière des cheveux en pressant délicatement la pâte avec une grille fine, une tête d'épingle...

1#

FIGURINE DÉTAILLÉE N° 22
Vue de face

2#

FIGURINE DÉTAILLÉE N° 22
Vue de trois quarts droit

3#

FIGURINE DÉTAILLÉE N° 22
Vue de dos

4#

FIGURINE DÉTAILLÉE N° 22
Vue de trois quarts gauche

Couleurs

- noir 9 (Classic)
- chair clair 43 (Classic)
- violet 61 (Classic)
- rose : 1/2 framboise 22 (Soft), 1/2 blanc 0 (Soft)
- chocolat 75 (Soft)

Hauteur totale : 5,5 cm

MISS VELVET

LE SOURIRE

Gravez une demi-lune. Écrasez trois miniboulettes blanches et coupez-en une extrémité. Installez-les et laissez le charme de Mr. Be Cool agir...

LES BRAS

Piquez les bras sur les fils de fer tendus à l'horizontale, jusqu'à ce qu'ils rejoignent le reste du corps, puis donnez-leur du mouvement. Laissez dépasser un petit morceau de fil de fer pour y planter les mains.

LES MOTIFS

Façonnez une canne de Millefiori et coupez-la en tranches fines. Avant de monter votre figurine, incrustez les motifs sur le corps et les bras.

LES CHAUSSETTES

Modelez deux colombins de pâte (un blanc et un violet) puis coupez-les en tronçons. Assemblez les tranches en alternant les couleurs et façonnez les jambes avec vos doigts.

LUCY

Pour créer l'effet arc-en-ciel du corps, tournez la page !

DES ARCS-EN-CIEL PLEIN LES YEUX...

Dans sept pâtes aux couleurs de l'arc-en-ciel (Classic : orange 4, rouge 2, magenta 21, violet 61, bleu marine 34, vert 5, jaune 1), réalisez des colombins de 5 mm de diamètre environ. Accolez-les et formez une plaque au rouleau. Modelez un autre colombin plus épais : sa circonférence doit être équivalente à la largeur de la plaque. Recouvrez le colombin avec la plaque, puis lissez le raccord et les extrémités.

COLLIER COLOQUINTE

Expérimentez une autre utilisation des coloquintes avec ce collier tonique !

COLOQUINTES ARC-EN-CIEL

À partir de la canne arc-en-ciel, réalisez ces coloquintes sympathiques. Amusez-vous à varier les formes !

PARURE ARC-EN-CIEL

Créez des perles originales de toutes les formes et confectionnez des bijoux pleins de bonne humeur.

COLLIER À BRELOQUES

Utilisez des pâtes de couleurs variées ou des pâtes Effect pour le centre. Coupez des tranches, percez, et après un passage au four, montez ces jolies breloques en un collier surprenant.

BAGUE ŒIL

À partir d'une demi-boule, fabriquez une bague un peu curieuse… Superposez des pastilles de pâte de différentes tailles et de différentes couleurs. Collez un support de bague après cuisson, puis allez faire de l'œil aux passants !

BIJOU DE PORTABLE

Piquez un morceau de fil de fer en U au sommet d'une petite coloquinte avant la cuisson. Elle vous suivra partout !

LA PÂTE FIMO

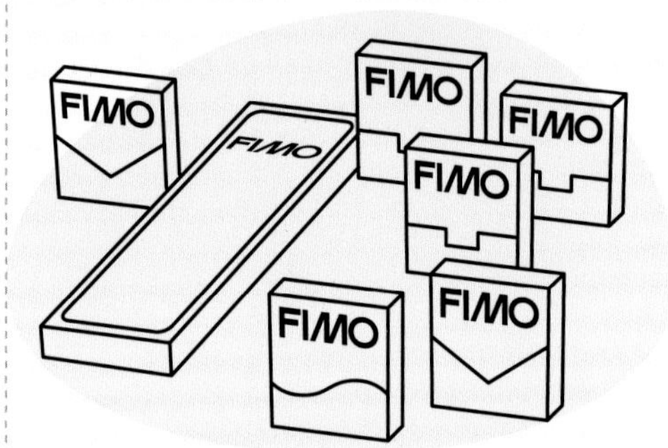

Souple et modelable, la pâte Fimo permet de réaliser toutes sortes de figurines, d'objets, de bijoux…
Très simple d'utilisation, elle durcit au four domestique. Elle se conserve plusieurs années à température ambiante dans son emballage d'origine, dans du film plastique, du papier d'aluminium ou un bocal de verre bien fermé.

Les différentes variétés

Il existe plusieurs types de pâte, chacune ayant des caractéristiques spécifiques. Déclinées dans une large gamme de couleurs, elles sont toutes miscibles entre elles.

La Classic

Idéale pour la base des figurines, la pâte Classic est celle qui résiste le mieux aux déformations lors du modelage ou de la cuisson.

La Soft

Très souple, cette pâte permet de façonner des détails de grande finesse et de réaliser des empreintes très fines.
Facile à modeler, elle permet les mélanges de couleurs les plus rapides et plus aisés.

La pâte Effect

Il existe cinq sortes de pâtes Effect. De consistance souple comme la Soft, elles offrent une grande variété d'effets.

- Glitter : ces pâtes contiennent de fines paillettes, pour un résultat brillant.
- Metallic : de fines particules de mica permettent de reproduire un effet métallisé.
- Transparent : utilisées en fine épaisseur, elles deviennent translucides après cuisson. En mélange, elles apportent brillance et volume aux autres couleurs.
- Stone : idéales pour reproduire le granit ou le marbre.
- Nightglow : phosphorescente dans la pénombre, cette pâte permet d'obtenir des résultats saisissants.

La pâte Mix Quick

Pratique, elle assouplit la pâte Classic et en accélère le pétrissage. Elle permet de récupérer des pâtes un peu desséchées et facilite le mélange des pâtes entre elles.
Notez que cette pâte est blanche et qu'elle a tendance à éclaircir la couleur de la pâte d'origine.

Les pâtes Puppen

Cette gamme propose quatre teintes qui évoquent les couleurs des poupées de porcelaine, parfaites pour les visages et les mains de vos personnages.

Couleurs et matières

Il existe plus de soixante-dix couleurs réparties sur toutes les variétés. Les nuanciers sont disponibles sur le site internet du fabricant de la pâte Fimo, Eberhard Faber (http://www.eberhardfaber.com), et dans les magasins de loisirs créatifs. À partir de ces teintes, vous pouvez créer toutes les couleurs possibles.

Jouer avec les couleurs

Pour éviter les mauvaises surprises, vous pouvez faire des tests au préalable sur des petites portions de pâte.

Pour adoucir les couleurs trop vives (le bleu et le rose par exemple), il est possible d'ajouter du blanc. Pour les assourdir, ajouter du noir permet d'obtenir un effet plus sombre.

Pensez à créer votre propre nuancier de mélanges, de façon à pouvoir choisir la couleur exacte qu'il vous faut, et la reproduire.

Lorsque vous les associez, il faut garder à l'esprit que la perception d'une couleur est influencée par celle qui est à côté d'elle.
Par exemple, de l'orange paraît plus vif à côté d'une couleur foncée, et plus doux à côté d'une couleur claire.

La pâte Transparent n'est vraiment transparente qu'en très fine couche. En plus grande épaisseur, elle a tendance à cristalliser, ce qui est idéal pour réaliser des décors de banquise par exemple.
Si vous mélangez un peu de pâte translucide blanche avec une pâte Classic ou Soft de couleur, vous obtiendrez un effet opalescent, plus doux et délicat.

Effets de matière

Les paillettes

La pâte Glitter contient déjà des paillettes. Si vous désirez un effet plus prononcé, vous pouvez ajouter vous-même des paillettes.

• **L'inclusion de paillettes.** Dans une boule de pâte, formez un creux dans lequel vous saupoudrez les paillettes de votre choix, puis malaxez la pâte jusqu'à obtenir une diffusion uniforme.

Il est possible d'utiliser plusieurs grosseurs de paillettes et de jouer avec les couleurs (ton sur ton, en contraste…).

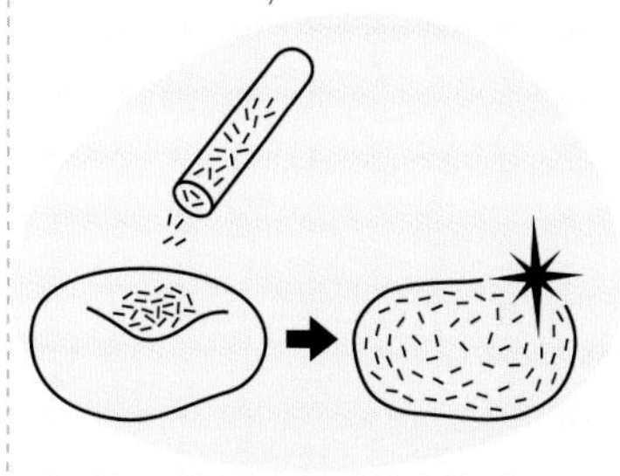

• **Le saupoudrage de paillettes.** Saupoudrez une feuille de papier avec les paillettes, puis roulez la pâte non cuite dedans. Pour cette utilisation, la pâte Soft est idéale. Ici aussi, vous pouvez moduler les effets en variant les tailles de paillettes.

Il est également possible d'en appliquer après la cuisson. Enduisez la partie désirée avec de la colle (de type colle à bois vinylique), puis saupoudrez

de paillettes. Une fois la figurine cuite, il est conseillé d'appliquer un vernis pour s'assurer de la bonne tenue des paillettes.

Les marbrures

L'effet marbré est simple à réaliser : formez deux boudins de couleurs différentes, faites-les adhérer puis torsadez-les. Pliez le boudin bicolore en deux et torsadez-le à nouveau. Reproduisez cette technique jusqu'à ce que vous obteniez les marbrures désirées (plus la pâte est travaillée, plus les marbrures seront fines et nombreuses).
Prenez garde toutefois à ne pas trop la mélanger, vous obtiendriez une nouvelle couleur, sans marbrures.

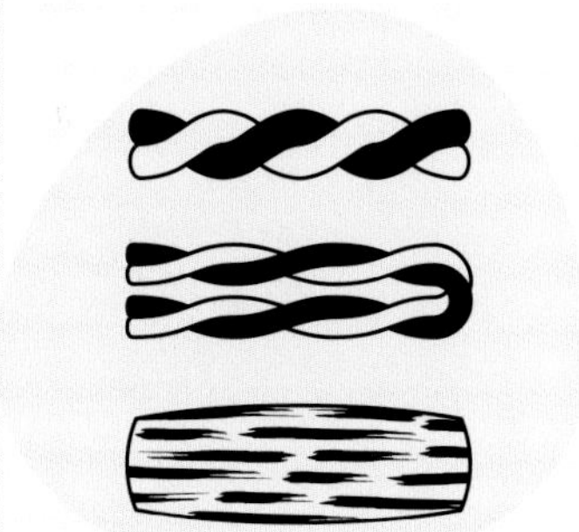

MATÉRIEL

En complément de la pâte Fimo, Eberhard Faber propose du matériel spécialement conçu pour son modelage. Vous pourrez par exemple trouver en magasins de loisirs créatifs un rouleau en plexiglas, des ébauchoirs ou encore un cutter avec plusieurs types de lames.
La liste suivante présente le matériel conseillé pour réaliser les figurines de cet ouvrage.

Supports

L'idéal est de travailler sur une plaque de verre ou de plexiglas. Le papier sulfurisé est particulièrement pratique pour décoller les découpes fines de petits objets. Préférez ces matières au PVC ou au bois.

Gants en latex

Ils évitent de salir la pâte ou de laisser des empreintes digitales. Vous pouvez même en prévoir une paire pour chaque famille de couleur.

Rouleau

En verre ou en plexiglas, il est indispensable pour travailler les formes de base. Utilisez un bocal ou une bouteille parfaitement propre.

Petite plaque de verre

Très pratique pour modeler des formes géométriques. Procurez-vous en à peu de frais dans une boutique d'encadrement et sécurisez les bords avec du ruban adhésif.

Ébauchoirs

Certains outils destinés au modelage de l'argile peuvent également être utilisés pour la pratique de la pâte Fimo.

Outils de découpe

Vous trouverez en magasins de loisirs créatifs des cutters de précision (à manier avec précaution). Vous pouvez utiliser des cutters traditionnels si leur lame est suffisamment fine pour ne pas écraser la pâte lors de la découpe.
Des emporte-pièce de différentes tailles sont idéaux pour réaliser des découpes nettes. Pour les détails, choisissez des emporte-pièce de 2 à 15 mm. Pour les plus grosses formes, pensez aux emporte-pièce de pâtisserie. Recouvrez-les de film étirable pour retirer la pâte sans difficulté.

Tourillons

Ce sont des baguettes de bois à section ronde que l'on trouve en magasin de bricolage.

Bille en verre ou grosse perle

En faisant un mouvement circulaire, réalisez des creux très réguliers. Vous pouvez également bosseler la surface de la pâte, ou l'utiliser comme support pour former une coupe.

Tiges

Cure-dent, allumette taillée, épingle, brochette, coton-tige débarrassé de son coton : en bois, en plastique ou en métal, les tiges permettent de marquer ou percer.

Fil de fer

(avec une pince coupante)
Vous en aurez besoin pour constituer une armature à certaines de vos figurines. Cela renforce les parties plus fragiles comme les bras, ou d'autres détails en relief.

Seringues à pâte

Inspirées des seringues à pâte des pâtissiers, vous les trouverez dans les magasins de loisirs créatifs.
Il existe différentes grilles qui se vissent sur la seringue pour obtenir des résultats variés. Elles sont idéales pour former les petits colombins, ou créer des effets particuliers.

Machine à pâtes

Pour celles et ceux qui souhaitent pratiquer la Fimo de manière intensive, il est possible d'utiliser une machine à pâtes, comme celles pour préparer les pâtes italiennes, qui produit des plaques très régulières.

Thermomètre

Un thermomètre pour four domestique peut être utile pour vérifier la température.

Papier de verre très fin

Après la cuisson, la pâte peut être poncée pour obtenir un rendu très doux. Il faut choisir le papier de verre le plus fin possible pour ne pas griffer la pâte.

Autres matériels

Supports de broche, supports de bague, porte-clés, attaches de bijou de portable… De nombreux petits matériels sont très utiles pour transformer vos créations en Fimo en véritables accessoires.

MODELAGE

Quelques techniques simples suffisent pour réaliser les figurines. Commencez par maîtriser les formes de base, puis passez au modelage des éléments qui composent les personnages.

Formes de base

La boule

Après avoir malaxé la pâte quelques minutes, roulez-la entre vos paumes jusqu'à ce qu'elle soit lisse. Pour obtenir un résultat net, terminez en la roulant sur votre support, ou entre votre support et une plaque de verre ou de plexiglas.

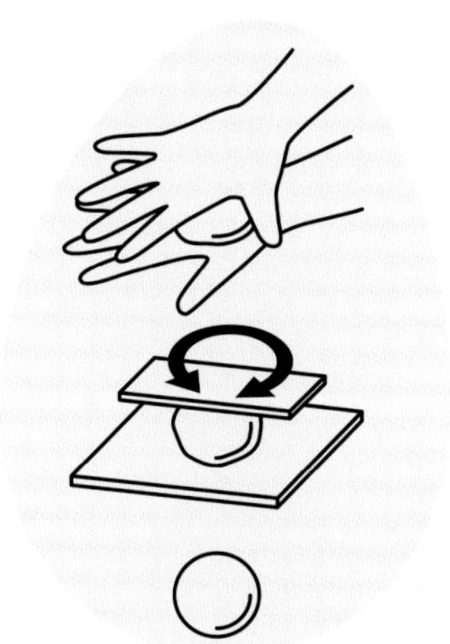

Le colombin

Partez d'un morceau de pâte malaxée en forme de boule grossière ou de boudin.
En utilisant un support lisse, faites un mouvement de va-et-vient avec une plaque de verre pour former le colombin. De cette manière, il est possible d'obtenir un résultat très fin et très régulier.

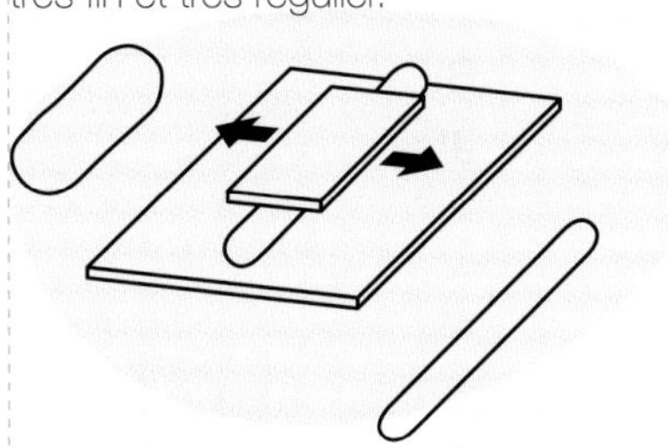

La plaque

Commencez par malaxer un morceau de pâte, puis formez grossièrement une boule. À l'aide d'un rouleau en verre, aplatissez cette boule jusqu'à l'épaisseur voulue (le résultat peut être très fin en fonction de la pression exercée).

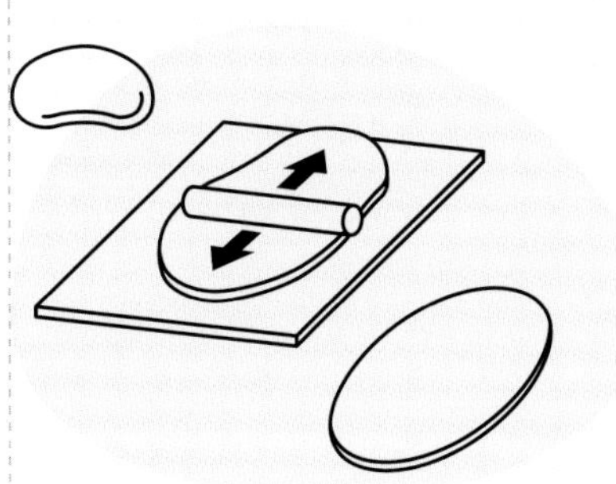

Modelage de la tête et du tronc

Tronc

Commencez par modeler une boule de la taille d'une petite prune ou d'une grosse noix en fonction du personnage. Avec une petite plaque de verre légèrement inclinée, faites aller et venir la boule jusqu'à obtenir un cône aux deux extrémités arrondies. Modulez la longueur et l'épaisseur du tronc en inclinant plus ou moins votre plaque de verre et en variant la pression exercée sur la boule. Redressez ensuite la forme obtenue à la verticale sur la surface de travail et appuyez sur le cône pour aplatir la base et le sommet. La forme va s'élargir et en appuyant plus ou moins fort, vous donnerez la silhouette générale de votre personnage. Si vous trouvez la forme obtenue trop trapue, recommencez la première étape.

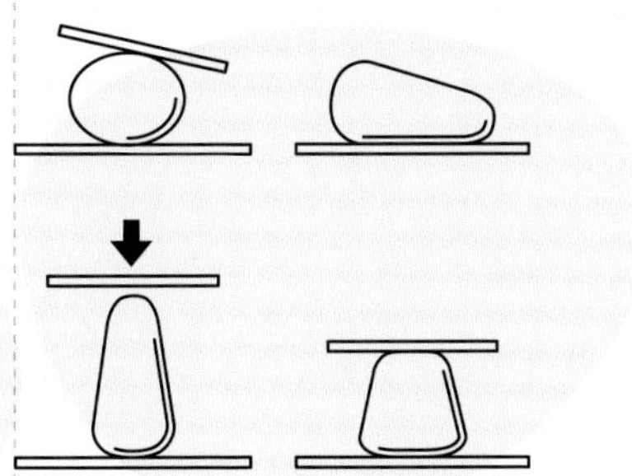

Têtes

Tête ronde
Modelez une boule. Il est possible d'utiliser la forme telle quelle.

Tête ovale
Pour une forme plus oblongue, vous pouvez exercer une pression plus ou moins ferme sur le sommet de la boule, avec le doigt ou avec une plaque de verre.

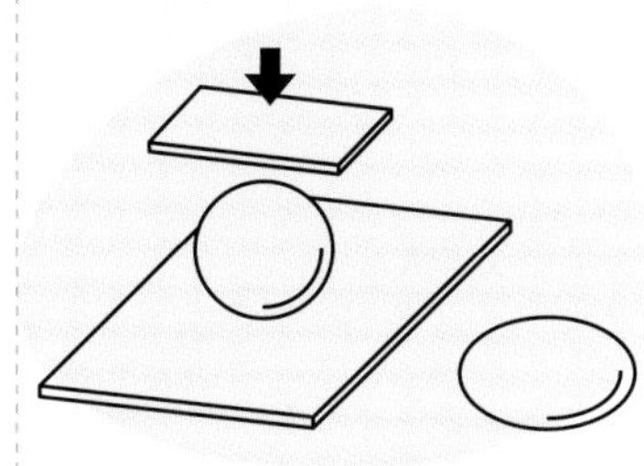

Tête en forme de haricot
À partir de la tête ovale ; en courbant légèrement le résultat avec les doigts, vous pouvez obtenir une tête en forme de haricot.

Tête en forme de poire
À partir de la tête ronde ; faites pression avec deux doigts de chaque côté du sommet.

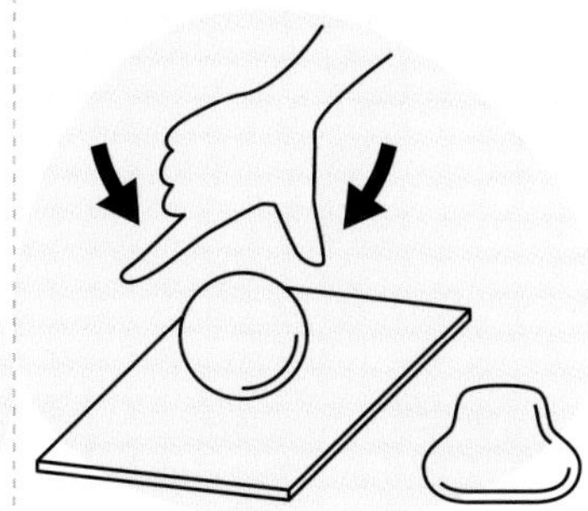

Tête conique
Modelez un morceau de la même manière que le tronc de base. Ensuite, faites une découpe au cutter au sommet (la partie la plus fine). Avec la plaque de verre, aplatissez la forme selon le résultat voulu. Cette méthode est la plus

souvent utilisée pour les figurines présentées dans cet ouvrage.

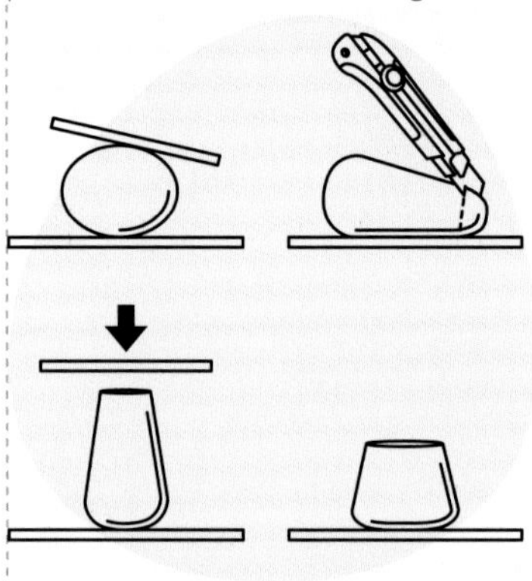

Exemples : pour les personnages Super-Super (pp. 20 à 25), le cône est gardé tel quel une fois aplati et inversé ; pour les robots du clan Mac Ghost, le cône est creusé avec une bille en faisant un mouvement giratoire.

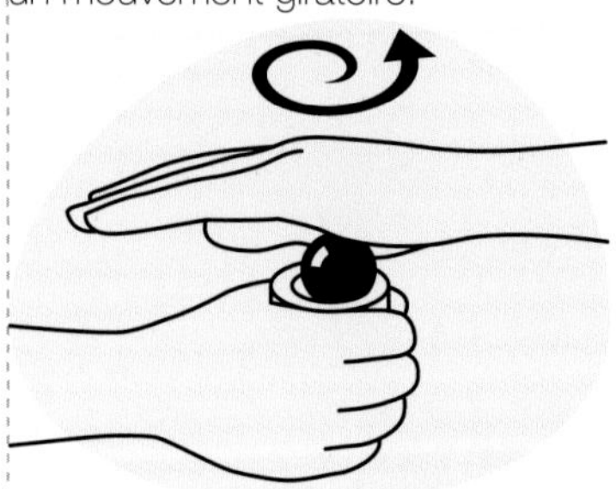

Modelage des membres

Jambes (ou pattes)

Modelez un colombin. Pour réaliser le pied, mettez le colombin à la verticale et faites pression à sa base avec le doigt.

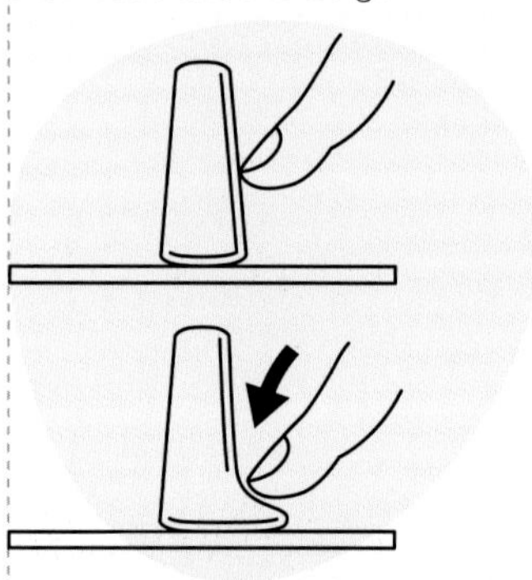

Les chaussures

Ajoutez un petit morceau de pâte aplati en forme de demi-lune pour recouvrir le pied. Les chaussures (ainsi que les chaussettes) sont des détails fragiles, n'hésitez pas à les cuire lors d'un deuxième passage au four.

Bras (ou pattes)

Les bras simples

Ils sont réalisés à partir de colombins. Le mains sont formées dans la continuité du bras.

Les bras avec manches évasées

Cela correspond principalement aux figurines habillées. Ces bras sont modelés à partir de la même technique que pour le tronc, mais en beaucoup plus fin (l'extrémité la plus épaisse est coupée au cutter). Vous pourrez obtenir un effet de manches évasées plus ou moins marqué. Les mains sont ensuite modelées à part et ajoutées.

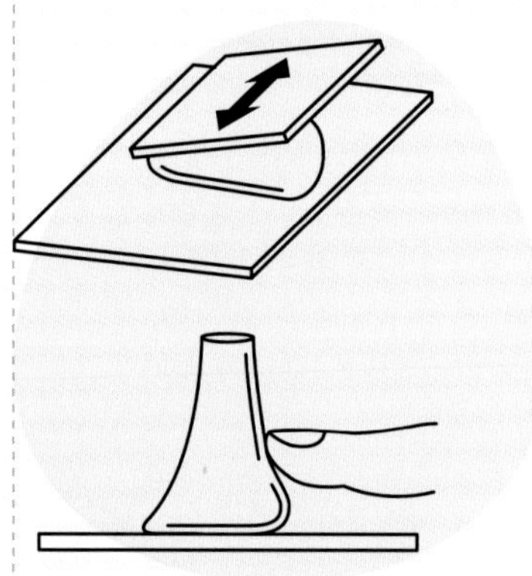

Mains

Mains simples ou pattes

Créez une boule de pâte plus ou moins longue et plus ou moins aplatie, puis ajoutez les détails (des traits réalisés avec une épingle ou des pastilles découpées dans une plaque rose).

Mains avec des doigts

Pour modeler des mains humaines, formez une petite rondelle de pâte légèrement aplatie et au cutter, faites deux entailles pour former les doigts.Faites-les adhérer au bout de la manche coupée au cutter.

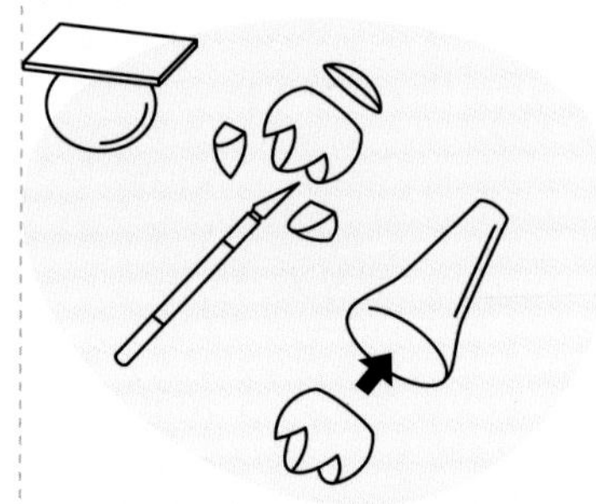

ASSEMBLAGE

Technique de base

Pour la plupart des figurines, il faut commencer par façonner la tête et le corps, les assembler par pression, puis modeler les membres. Une première cuisson peut être réalisée à cette étape. Les détails viennent ensuite et peuvent faire l'objet d'une seconde cuisson s'ils sont délicats.

Toutefois, il convient d'adapter l'ordre de l'assemblage en fonction des figurines ; certains éléments se superposant à d'autres doivent être ajoutés en dernier, même si cela ne respecte pas exactement l'ordre indiqué ci-dessus.

Armature

Pour certaines figurines, il est indispensable de créer une armature en fil de fer pour s'assurer qu'elles ne s'affaissent pas ou pour leur donner une forme particulière.

Avant cuisson, enfilez un fil de fer verticalement dans le tronc pour les structures les plus fragiles ou les plus sophistiquées, ou horizontalement pour former par exemple les bras. Procédez alors à une première cuisson avec le fil de fer, puis enfilez les bras et procédez à une seconde cuisson.

TECHNIQUES SPÉCIFIQUES

De nombreux détails simples peuvent être réalisés avec les techniques déjà développées (boule, colombin, plaque), ou bien avec les techniques de l'incrustation ou du Millefiori.

Millefiori

Cette technique est très simple : il suffit de savoir modeler les colombins et les plaques pour obtenir une canne de Millefiori dans laquelle vous allez découper vos motifs. Cela permet d'obtenir un motif plus ou moins complexe, qu'il est possible de réduire en étirant la canne à l'aide d'une plaque de verre. Grâce à cette méthode, vous pouvez découper des motifs identiques, ce qui est idéal lorsque vous avez besoin de répéter un même motif sur toute la tenue d'une figurine.

Réalisation

Modelez un colombin. Puis réalisez une plaque assez large pour recouvrir toute la longueur du colombin, de largeur égale à sa circonférence. Coupez un bord de la plaque en biseau, retournez-la et posez le colombin près de ce bord (a).

Enroulez ensuite le colombin dans la plaque, en coupant l'autre bord en biseau pour obtenir un raccord sans surépaisseur (b).

Lissez le raccord et faites un mouvement de va-et-vient avec une plaque en verre pour obtenir un résultat parfaitement régulier. Vous pouvez ajouter autant de plaques que vous le voulez (c).

Procédez de la même manière jusqu'à obtenir plusieurs colombins enrobés de plaque, puis juxtaposez-les (vous pouvez combler les interstices avec de fins colombins si vous souhaitez avoir une couleur unie entre les colombins enrobés).

Roulez la canne ainsi obtenue avec une plaque en verre. Cela vous permet de modifier la taille du motif.

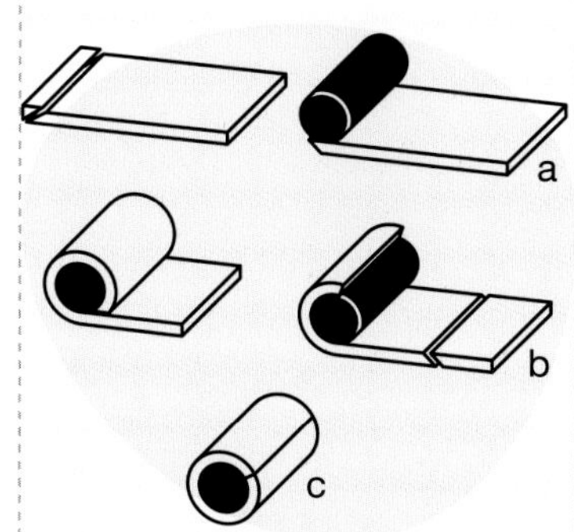

Perles

Réaliser des perles devient très simple : découpez des tronçons dans une canne de Millefiori et appliquez-les ensuite sur une petite boule de pâte. Incrustez-les en roulant la boule sur une surface lisse avec une plaque de verre. Avant la cuisson, percez la perle.

Incrustation

Réalisation

Les incrustations se réalisent en incorporant des morceaux de pâtes (en général Soft) dans une autre pâte (Classic) par pression. La pression s'effectue en roulant la pâte ayant reçu les morceaux de motif avec une plaque de verre ou un rouleau, jusqu'à uniformisation de la surface de la pâte.
Vous pouvez également réaliser des incrustations en creux en déposant une fine plaque ou un colombin dans une cavité préparée avec un outil. Faites ensuite pression avec l'outil pour uniformiser le morceau à incruster (vous pouvez utiliser une tête d'épingle ou une spatule de modelage en fonction de la taille de la cavité).

Lorsque les motifs se trouvent sur le corps de la figurine (ou sur les bras), vous devez procéder à l'incrustation avant le montage.

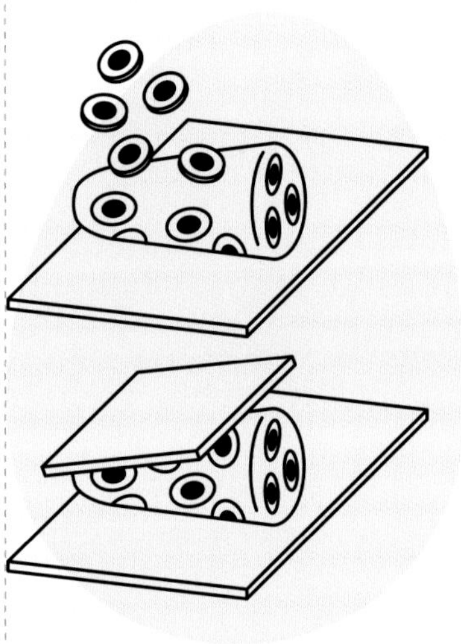

DÉTAILS

Yeux

Les yeux peuvent être réalisés en utilisant plusieurs méthodes.

Superposition

Procédez comme pour la technique précédente, puis incorporez les rondelles de pâte les unes dans les autres avec un rouleau. Vous pouvez aplatir la pâte dans tous les sens pour obtenir un résultat régulier ou uniquement dans un sens. Pensez seulement que les éléments vont s'étirer et devenir plus grands.

Millefiori

Étalez une plaque de la couleur de la pupille en affinant les bords (plaque bombée), placez ensuite un colombin blanc très fin au milieu puis refermez la plaque comme d'habitude. Procédez normalement pour les autres plaques, puis affinez votre canne jusqu'à obtention de la taille voulue.

Les couleurs de l'œil

En partant de l'intérieur vers l'extérieur : commencez par du blanc pour donner de la brillance à l'œil, ensuite passez à une couleur très foncée (pour l'iris), puis une couleur plus claire et du blanc pour le blanc de l'œil.

Pour l'iris, choisissez une couleur qui contraste avec le reste de la figurine, pour donner de l'éclat au visage.

Empreintes

Les pâtes Fimo sont idéales pour garder toutes sortes d'empreintes. La Soft donnera les meilleurs résultats car elle est plus souple. Attention cependant, il est important de pouvoir décoller l'objet facilement, il faut donc utiliser des objets suffisamment rigides.

Pour créer des effets de matières, il est possible d'utiliser de nombreux objets ; par exemple, des coups de tête d'épingle ou de cure-dent peuvent produire une texture de pull ou de fourrure, en fonction de l'inclinaison de l'outil dans la pâte.

Après cuisson, il est également intéressant de griffer ou graver la matière pour obtenir d'autres effets originaux.

Cheveux

La tête doit être cuite avant le modelage des cheveux.

Sur un support recouvert de papier sulfurisé, étalez une plaque de 1 à 2 mm d'épaisseur. Avec un cutter de précision, découpez le dessin des cheveux dans une plaque rectangulaire.

Veillez à ce que la hauteur du rectangle soit d'environ deux fois la hauteur de la tête, et pour la largeur assurez-vous que la surface des cheveux englobe bien le volume de la tête.

Découpez ensuite la forme des cheveux autour du visage avec un cutter (vous pouvez réaliser une frange travaillée, un carré arrondi…).

Décollez la plaque découpée, centrez la découpe des cheveux sur le devant du visage et rabattez le reste de la plaque derrière la tête. Pour finir, il faut resserrer les cheveux en arrière, découper le surplus et lisser le raccord.

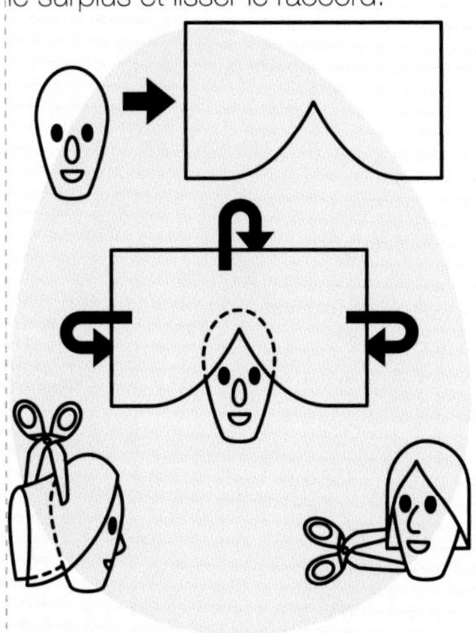

Socle

Découpez une forme ronde (ou de la forme de votre choix) dans une plaque assez épaisse à l'aide d'un emporte-pièce. Si vous ne disposez pas d'un emporte-pièce, prenez un objet de la forme souhaitée et découpez autour avec un cutter.

Pour que votre figurine soit plus stable, ajoutez un fil de fer ou un morceau de cure-dent dans les jambes avant cuisson.

CUISSON

Quelques conseils

La pâte Fimo se fait cuire dans un four ménager à une température de 110° C, le four à micro-ondes n'est pas adapté. Il ne faut pas dépasser la température de 130° C et la cuisson ne doit pas dépasser 30 minutes, sinon il existe un risque d'émanation de vapeurs incommodantes.
Pour les enfants de moins de 8 ans, la présence d'un adulte est conseillée pour éviter les risques de brûlure.
Pour plus d'informations, reportez-vous aux recommandations de Fimo présentes sur l'emballage.

Avant la cuisson

Les trous doivent être faits avant la cuisson, ainsi que l'utilisation de crochets en métal. Faites une petite incision avec la pointe d'une lame, glissez-y un crochet en forme de “U” légèrement recourbé. Lissez l'incision avec une spatule. Enfoncez les crochets assez profondément dans la pâte, sinon, une fois la pâte cuite, ils risquent de se désolidariser.

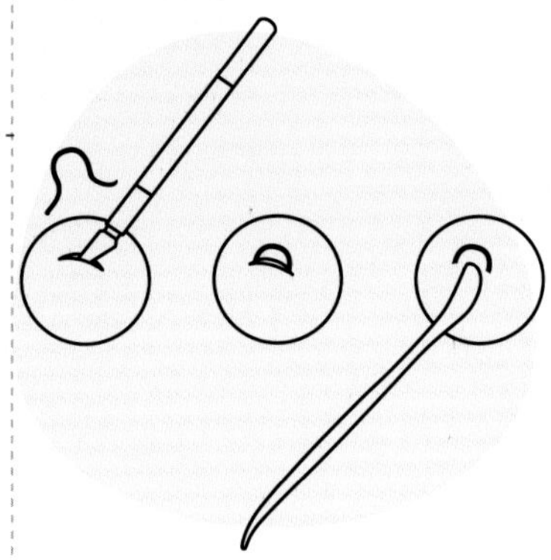

Pendant la cuisson

Si vous n'avez pas de thermomètre, faites un essai préalable sur un échantillon de pâte avant de faire cuire vos figurines.

Il est préférable de faire cuire les personnages posés sur une plaque en verre ou en aluminium, recouverte de papier sulfurisé.

Pendant la cuisson, les pièces en hauteur ont tendance à s'affaisser. Calez vos personnages à l'aide de verres, bocaux, bouchons de liège ou petites pièces de bois.

Cuisson en deux temps

Lorsque vous prévoyez de nombreux détails sur un personnage, il est préférable de faire cuire d'abord le corps (15 min suffisent pour les figurines présentées dans cet ouvrage), avant d'ajouter les détails et de repasser votre figurine au four pendant une dizaine minutes. Cependant, il faudra adapter le temps de cuisson à la taille de votre objet.

Pour les personnages de grande taille, afin qu'ils ne s'affaissent pas, il est possible de cuire les jambes et le reste du corps en deux parties séparées, puis de les coller avec de la colle cyanoacrylate après la cuisson.

Après la cuisson

Sortez la plaque du four à l'aide de gants de cuisine et laissez refroidir vos figurines entre 10 et 15 minutes avant de les manipuler, pour éviter les risques de brûlures, mais aussi parce que vos figurines sont encore malléables.

FINITIONS

Retouches

Si la surface de votre figurine présente des imperfections, il est possible de la poncer avec un papier de verre très fin.
Des détails peuvent être accentués ou retouchés avec un cutter de précision. Vous pouvez également rajouter des détails en pâte crue et repasser vos pièces au four quelques minutes.

Vernis et peintures

Mat ou brillant, le vernis protège les figurines des impacts légers et de la poussière. Comme cela peut légèrement changer la couleur d'origine, il est préférable de faire des essais préalables.

Au-delà de cet aspect pratique, le vernis peut être utilisé pour mettre certains détails en avant, comme la bouche ou les yeux, pour donner plus de vie aux personnages. Il est aussi intéressant d'utiliser un vernis mat et un vernis brillant sur une même figurine.

Le vernis se révèle un allié précieux lorsqu'on utilise des paillettes car cela leur assure une bonne tenue.

Il existe des peintures métallisées proposées par Fimo en doré, argenté et bronze. Présentées sous forme de poudre, elles s'appliquent directement au pinceau, et, si besoin, vous pouvez les diluer avec un peu de vernis. Vous pouvez également utiliser de la peinture acrylique.